ALPHABET

DE GROSSES LETTRES

R

A	B
C	D
E	F

a	b
c	d
e	f

G	H
IJ K	
L	M

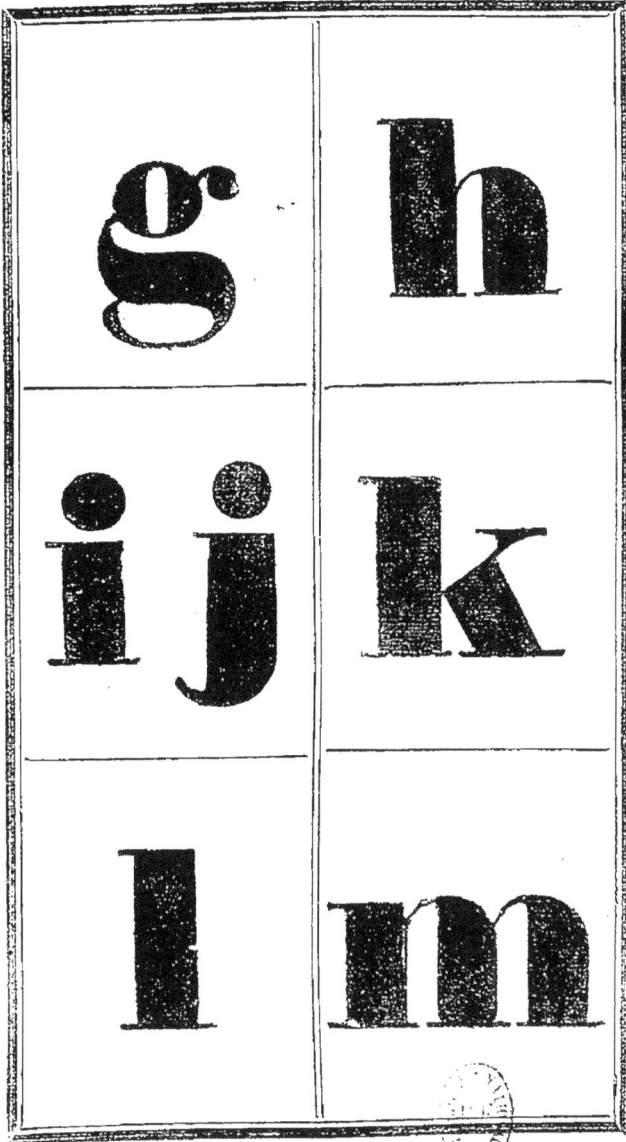

N	O
P	O
R	S

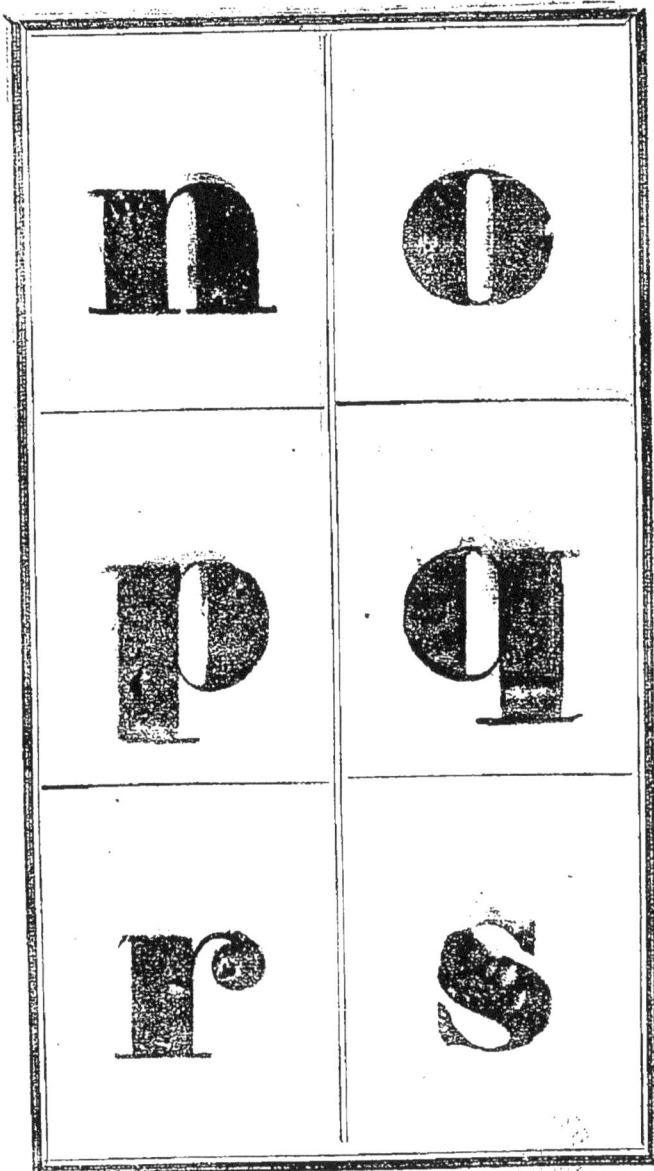

T	U
V	X
Y	Z

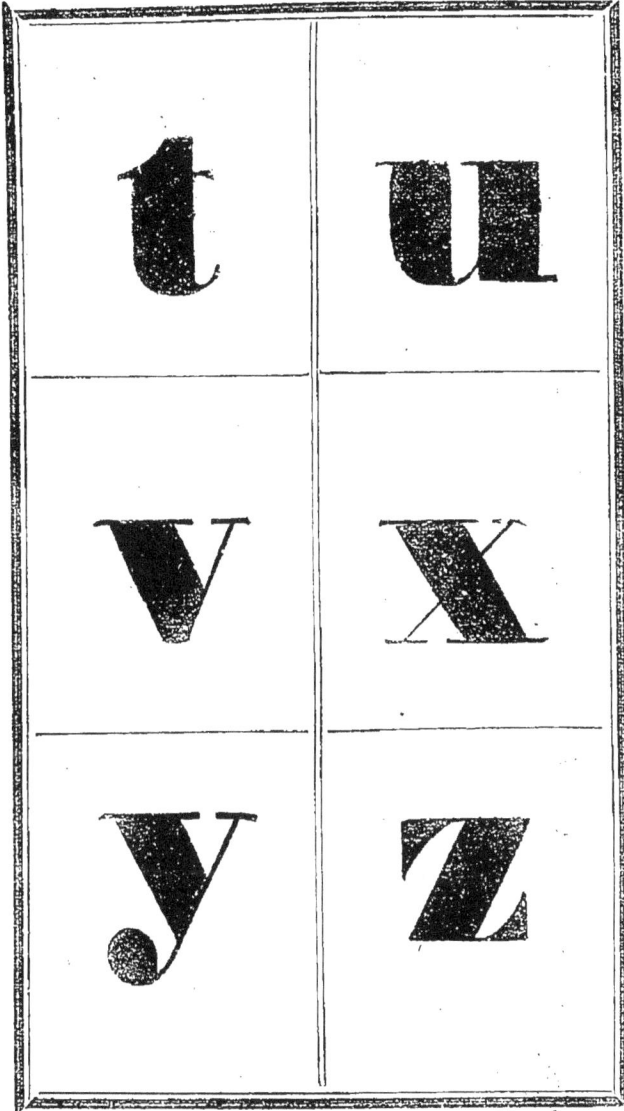

A	B	C	D
E	F	G	H
I	J	K	L
M	N	O	P
Q	R	S	T
U	V	X	Y Z

a   b   c   d

e   f   g   h

i   j   k   l

m   n   o   p

q   r   s   t

u   v   x   y   z

A	B	C	D
E	F	G	H
I	J	K	L
M	N	O	P
Q	R	S	T
U	V	X	Y	Z

a	b	c	d	e
f	g	h	i	j
k	l	m	n	o
p	q	r	s	t
u	v	x	y	z

Voyelles.

a   e   i   ***ou***   y   o   u

Syllabes.

ba	be	bi	bo	bu
ca	ce	ci	co	cu
da	de	di	do	du
fa	fe	fi	fo	fu
ga	ge	gi	go	gu
ha	he	hi	ho	hu
ja	je	ji	jo	ju
ka	ke	ki	ko	ku
la	le	li	lo	lu
ma	me	mi	mo	mu

n	n	n	n	nu
pa	pe	p	p	pu
qua	qu	qu	quo	qu
			o	u
a			s	u
a				u
a			o	u
a	e			u
a				u

ag	eg	ig	og	ug
ah	eh	ih	oh	uh
ak	ek	ik	ok	uk
al	el	il	ol	ul
am	em	im	om	um
an	en	in	on	un
ap	ep	ip	op	up
aq	eq	iq	oq	uq
ar	er	ir	or	ur
as	es	is	os	us
at	et	it	ot	ut
av	ev	iv	ov	uv
ax	ex	ix	ox	ux
az	ez	iz	oz	uz
bla	ble	bli	blo	blu
bra	bre	bri	bro	bru

A-mi.	Mâ-le.
A-ne.	Ma-ri.
Ar-me.	Mê-me.
Ca-ve.	Me-nu.
Cu-ré.	Mè-re.
Da-me.	Mi-di
Da-te.	Mo-de.
Dé-jà.	Or-me.
De-mi.	Pa-pa.
Di-re.	La-me.
Du-pe.	Li-me.
Fê-te.	Li-re.
Fè-ve.	Lu-ne.
Fi-le.	Mi-ne.
Ga-ze.	Pa-ri.
Jo-li.	Pa-vé.
Ju-pe.	Pè-re.
Bal-lon.	Le-çon,
Bam-bin.	Maî-tre.
Bé-guin.	Ma-man.
Bon-bon.	Mou-ton.

Ca-ba-ret.

Ca-na-pé.

Cap-tu-rer.

Cou-tu-me.

Da-moi-seau.

Dé-chi-rer.

Dé-fi-lé.

Do-mi-no.

E-tren-nes.

É-co-le.

É-tu-de.

Fé-cu-le.

Lé-gu-me.

Ab-sur-di-té.

Ca-rac-tè-re.

Car-mé-li-te.

Car-ni-vo-re.

Con-clu-si-on.

Dé-pu-ra-tif.

Di-a-lo-gue.

É-car-la-te.

Par-ve-nir.

Por-ta-tif.

Ré-vol-te.

Re-te-nir.

Sar-di-ne.

Si-mi-lor.

Sur-di-té.

Sur-ve-nir.

Tar-ti-ne.

Tu-mul-te.

Tor-tu-re.

Va-car-me.

Vir-gu-le.

O-pi-ni-on.

Ou-ra-gan.

Par-ti-cu-le.

Pe-lo-ton.

Pa-ti-en-ce.

Par-don-na-ble.

Phi-lo-so-phe.

Po-ti-ron.

É-
E

R

H

K

Bran-che.

Bra-ve.

Bri-de.

Bro-che.

Bro-cheur.

Bron-ze.

Bru-tal.

Câ-ble.

Ca-dran.

Gra-de.

Gron-deur.

Jus-te.

Lè-vre.

Mar-bre.

Mor-dre.

Nè fle.

Oc-troi.

Pas-teur

Plan-che.

Plan-teur.

Pleu-reur.

Cui-vre.

Drô-le.

É-cri-re.

É-crou.

Fa-ble.

Flû-te.

Fran-chir.

Frè-re.

Gloi-re.

Sa-ble.

Scri-be.

So-cle.

Spas-me.

Sta-ble.

Su-cre.

Ti-gre.

Tra-me.

Tran-che.

Tra-pu.

Tri-cheur.

Tris-te.

110

116

la pou-le a pondu — il a un peu peur — la boule a roulé — l'ours danse — la meule tourne — le pinson vole — écoute ton père — la voiture roule — le laboureur laboure — con-sole ta maman — le lapin a couru — demande un sou à maman — mon papa m'a raconté un conte — le feu a consumé la cabane du laboureur — un milan a fondu sur une poule — tourne le bouton de la porte — on a peur de l'ouragan — mon élève a fini son devoir — le laboureur a récolté du lin — l'ours a monté sur un pin du jardin — maman a voulu me punir — consulte ton père ,

Phrases à épeler,

Il n'y a qu'un seul Dieu qui gou-ver-ne le ciel et la ter-re.

Ce D eu om pen se
le bon pu n e m
han

Les n fan qu n s
pa o b s an ne on
pa a mé d D u n d
leu s pa pa ma man

I fau fa l au m
aux pau ca n d
a o p e d on m
b a b

Un enfan ba b a d
e ap po eu est ou
jou s e hu e pa tou
ca ma a d

On a m l s n fan
do

www.ingramcontent.com/pod-product-compliance
Lightning Source LLC
Chambersburg PA
CBHW061800040426
42447CB00011B/2399